AF201390

Impressum
Verlag: BABADADA GmbH, Nedderfeld 112 , 22529 Hamburg
Geschäftsführer / Verlagsleitung: Harald Hof
Druck: Books on Demand GmbH, In de Tarpen 42, 22848 Norderstedt

Imprint
Publisher: BABADADA GmbH, Nedderfeld 112 , 22529 Hamburg, Germany
Managing Director / Publishing direction: Harald Hof
Print: Books on Demand GmbH, In de Tarpen 42, 22848 Norderstedt

escuela

okul

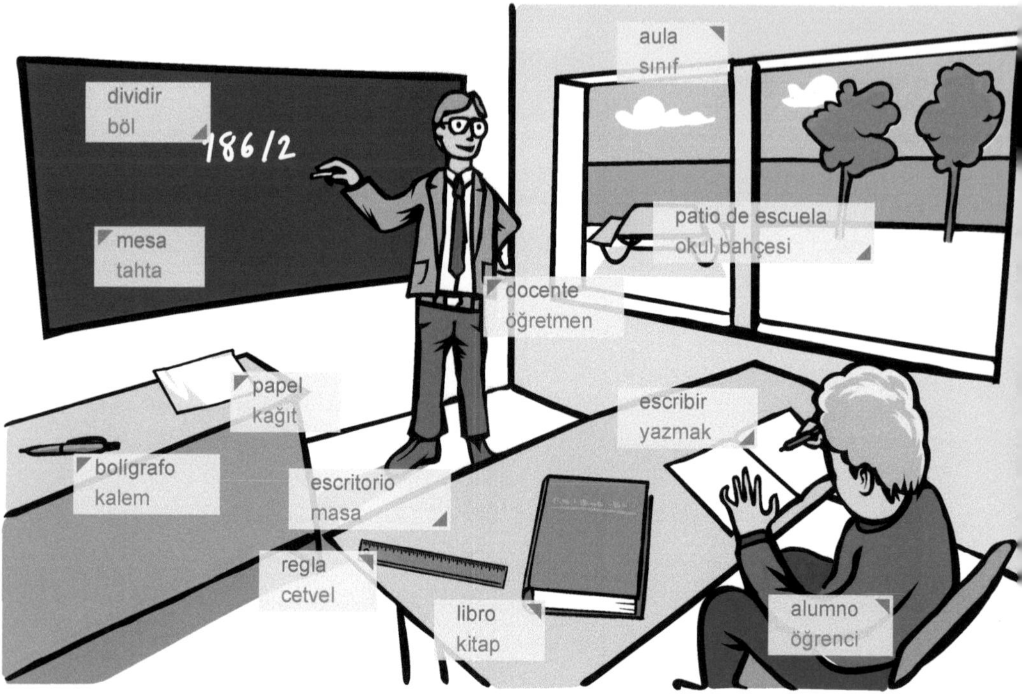

aula
sınıf
dividir
böl
186/2
mesa
tahta
patio de escuela
okul bahçesi
docente
öğretmen
papel
kağıt
escribir
yazmak
bolígrafo
kalem
escritorio
masa
regla
cetvel
libro
kitap
alumno
öğrenci

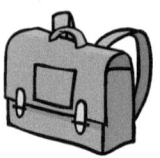

mochila escolar

okul çantası

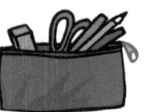

caja de lápices

kalemlik

lápiz

kurşun kalem

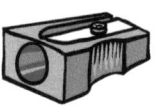

sacapuntas

kalem açacağı

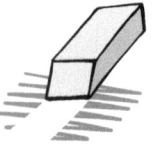

goma de borrar

silgi

bloc de dibujo

çizim defteri

dibujo
çizim

pincel
resim fırçası

caja de pinturas
boya kutusu

tijera
makas

pegamento
tutkal

libro de ejercicios
alıştırma kitabı

tarea
ödev

número
sayı

sumar
ekle

restar
çıkar

multiplicar
çarp

calcular
hesapla

letra
harf

alfabeto
alfabe

palabra
kelime

texto
metin

leer
okumak

tiza
tebeşir

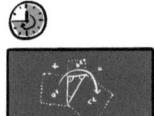

lección
ders

libro de clase
kayıt

examen
sınav

certificado
sertifika

uniforme escolar
okul forması

educación
eğitim

enciclopedia
ansiklopedi

universidad
üniversite

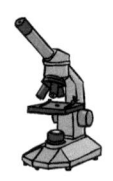

microscopio
mikroskop

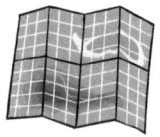

mapa
harita

cesto de papeles
kağıt çöp kutusu

viaje
seyahat

hotel
otel
albergue
pansiyon
ROOMS
EXCHANGE
casa de cambio
döviz bürosu
maleta
bavul
auto
otomobil

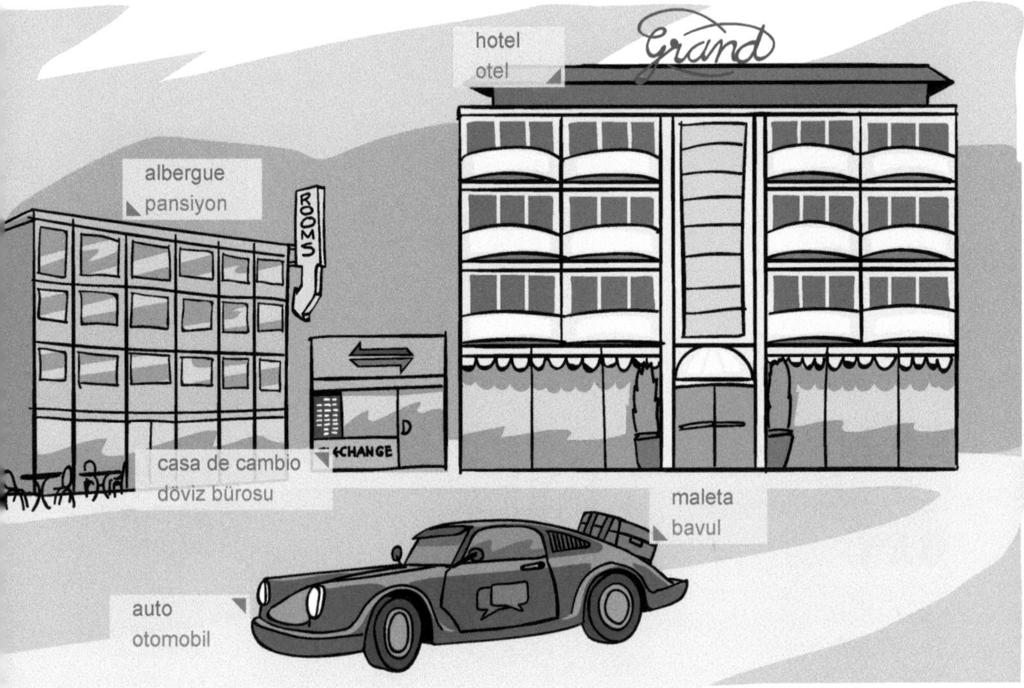

idioma
....
dil

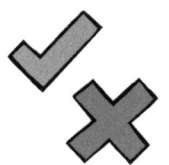

sí / no
....
evet / hayır

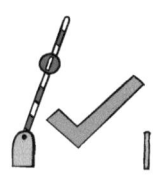

ok
....
Tamam

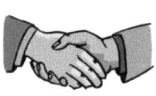

hola
....
merhaba

intérprete
....
çevirmen

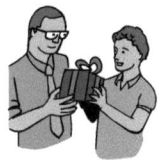

gracias
....
Teşekkür ederim

¿Cuánto cuesta...?

bu ... ne kadar?

No entiendo

anlamadım

problema

problem

¡Buenas tardes!

İyi akşamlar!

¡Buenos días!

Günaydın!

¡Buenas noches!

İyi geceler!

adiós

güle güle

dirección

yön

equipaje

bagaj

bolso

çanta

mochila

sırt çantası

invitado

misafir

cuarto

oda

saco de dormir

uyku tulumu

tienda de campaña

çadır

información al turista

turist danışma

playa

sahil

tarjeta de crédito

kredi kartı

desayuno

kahvaltı

almuerzo

öğle yemeği

cena

akşam yemeği

pasaje

Bilet

ascensor

asansör

sello

pul

límite

sınır

aduana

gümrük

embajada

elçilik

visa

vize

pasaporte

pasaport

viaje - seyahat

transporte
ulaşım

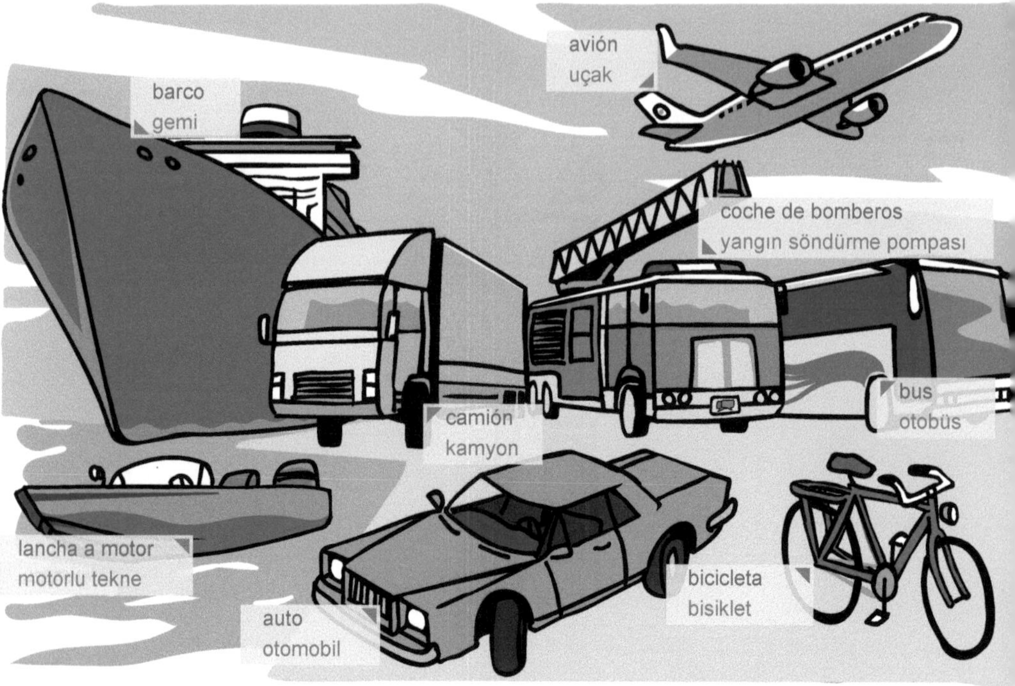

avión
uçak
barco
gemi
coche de bomberos
yangın söndürme pompası
bus
otobüs
camión
kamyon
lancha a motor
motorlu tekne
bicicleta
bisiklet
auto
otomobil

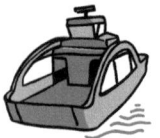

balsa

feribot

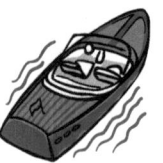

lancha

bot

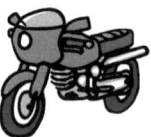

motocicleta

motosiklet

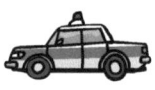

auto de policía

polis arabası

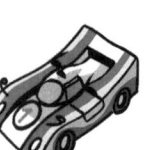

auto de carreras

yarış arabası

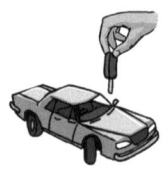

auto de alquiler

kiralık araba

alquiler de autos

ortak araba

grúa

çekici

vehículo recolector de basura

çöp kamyonu

motor

motor

gasolina

yakıt

gasolinera

benzinlik

señal de tráfico

trafik işareti

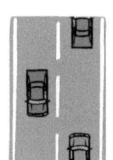

tránsito

trafik

atasco

trafik sıkışıklığı

estacionamiento

otopark

estación de tren

tren istasyonu

carril

ray

tren

tren

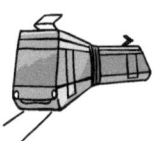

tranvía

tramvay

vagón

vagon

transporte - ulaşım

helicóptero

helikopter

aeropuerto

havaalanı

torre

kule

pasajero

yolcu

contenedor

konteyner

caja de cartón

koli

carro

yük arabası

cesta

sepet

despegar / aterrizar

kalkış / iniş

ciudad
şehir

aldea

köy

centro de la ciudad

şehir merkezi

casa

ev

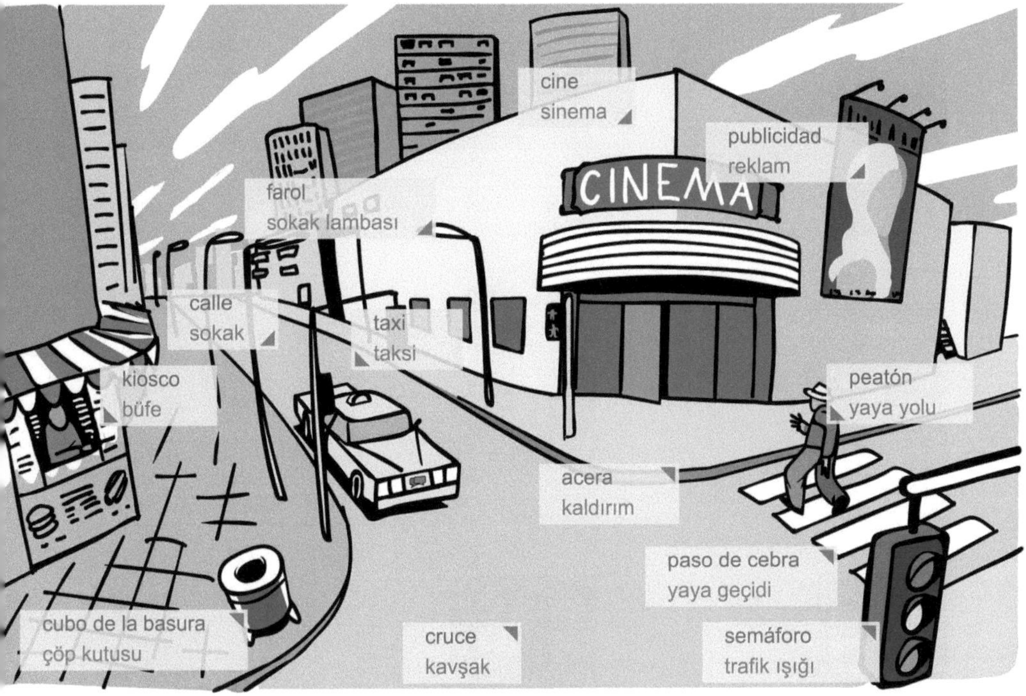

Picture labels

cine
sinema

publicidad
reklam

farol
sokak lambası

calle
sokak

taxi
taksi

kiosco
büfe

peatón
yaya yolu

acera
kaldırım

paso de cebra
yaya geçidi

cubo de la basura
çöp kutusu

cruce
kavşak

semáforo
trafik ışığı

cabaña
kulübe

apartamento
apartman dairesi

estación de tren
tren istasyonu

ayuntamiento
belediye binası

museo
müze

escuela
okul

universidad

üniversite

banco

banka

hospital

hastane

hotel

otel

farmacia

eczane

oficina

ofis

librería

kitapçı

negocio

mağaza

florería

çiçekçi

supermercado

süpermarket

mercado

market

grandes almacenes

büyük mağaza

pescadería

balık satıcısı

centro comercial

alışveriş merkezi

puerto

liman

ciudad - şehir

parque
park

banco
bank

puente
köprü

escalera
merdiven

metro
metro

túnel
tünel

parada de autobuses
otobüs durağı

bar
bar

restaurante
restoran

buzón de correo
posta kutusu

letrero
sokak tabelası

parquímetro
otopark sayacı

zoológico
hayvanat bahçesi

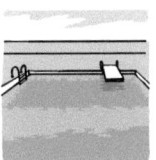

piscina
yüzme havuzu

mezquita
cami

ciudad - şehir

granja

çiftlik

polución

kirlilik

cementerio

mezarlık

iglesia

kilise

parque infantil

oyun alanı

templo

tapınak

paisaje
arazi

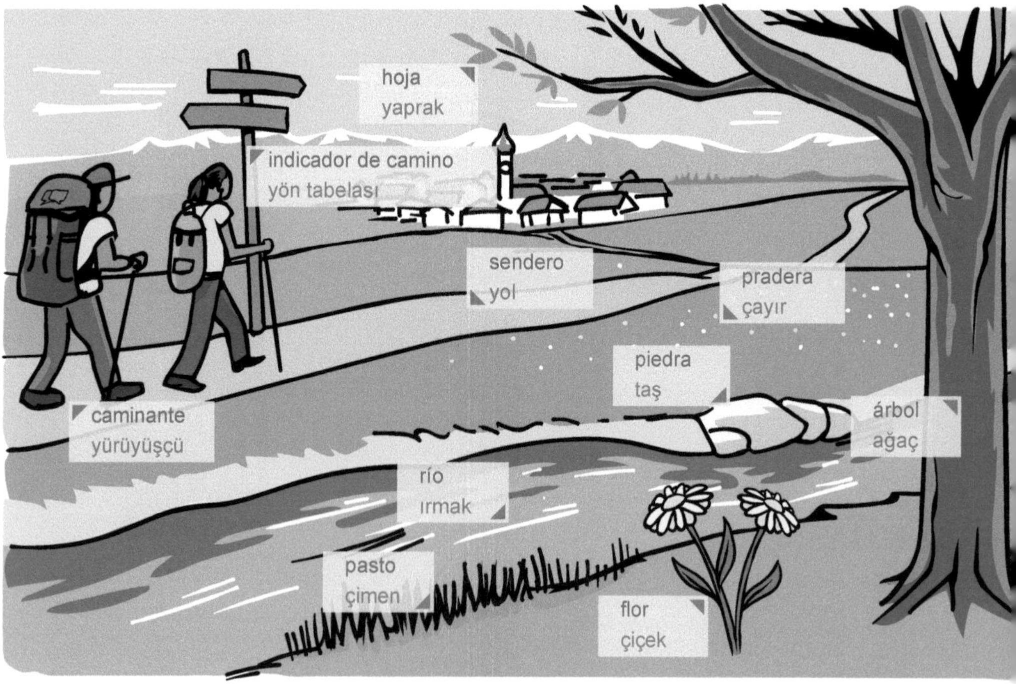

hoja
yaprak

indicador de camino
yön tabelası

sendero
yol

pradera
çayır

piedra
taş

árbol
ağaç

caminante
yürüyüşçü

río
ırmak

pasto
çimen

flor
çiçek

valle
vadi

montaña
tepe

lago
göl

bosque
orman

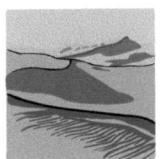

desierto
çöl

volcán
volkan

castillo
kale

arco iris
gökkuşağı

seta
mantar

palmera
palmiye

mosquito
sivrisinek

mosca
sinek

hormiga
karınca

abeja
arı

araña
örümcek

escarabajo
böcek

rana
kurbağa

ardilla
sincap

erizo
kirpi

liebre
yabani tavşan

lechuza
baykuş

pájaro
kuş

cisne
kuğu

jabalí
yaban domuzu

ciervo
geyik

alce
geyik

embalse
baraj

aerogenerador
rüzgar türbini

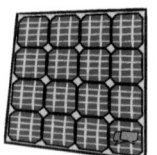

módulo solar
güneş paneli

clima
iklim

restaurante

restoran

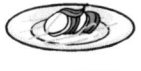

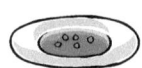

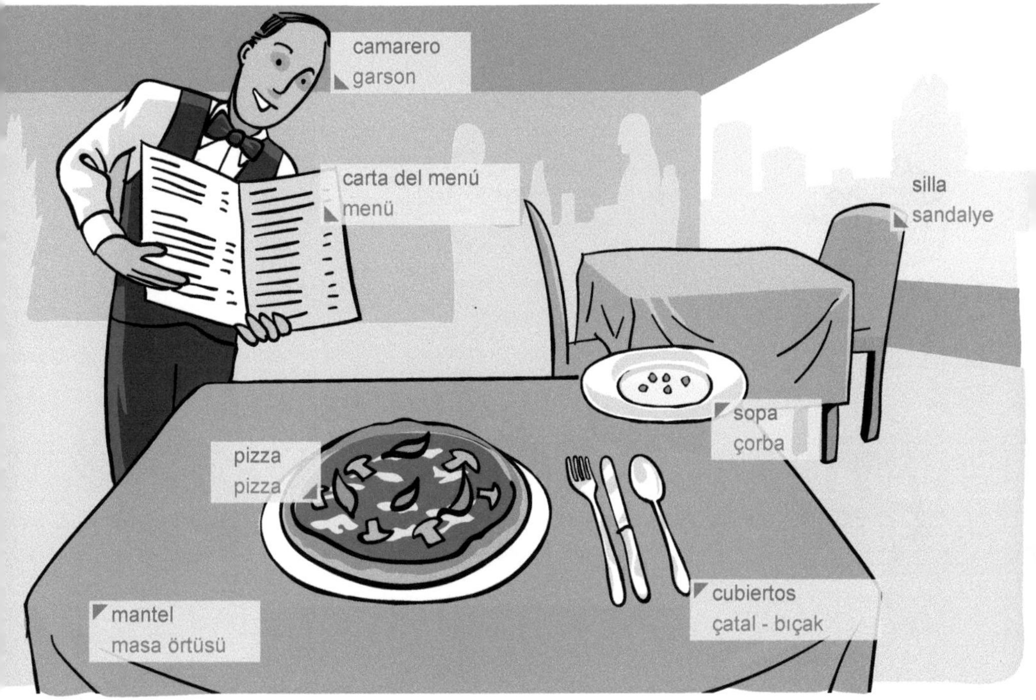
camarero
garson
carta del menú
menü
silla
sandalye
sopa
çorba
pizza
pizza
cubiertos
çatal - bıçak
mantel
masa örtüsü

entrada
başlangıç

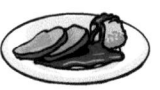

plato principal
ana yemek

postre
tatlı

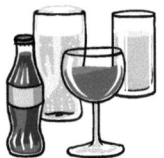

bebida
içecekler

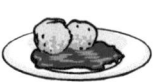

comida
yemek

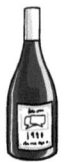

botella
şişe

comida rápida

fastfood

comida callejera

sokak yemeği

tetera

çaydanlık

azucarera

şekerlik

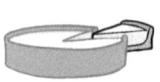

porción

porsiyon

máquina de espresso

espresso makinesi

silla alta

mama sandalyesi

factura

fatura

bandeja

tepsi

cuchillo

bıçak

tenedor

çatal

cuchara

kaşık

cuchara de té

çay kaşığı

servilleta

servis peçetesi

vaso

bardak

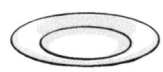

plato

tabak

plato de sopa

çorba kasesi

platillo

fincan altlığı

salsa

sos

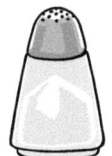

salero

tuzluk

molinillo para pimienta

karabiber değirmeni

vinagre

sirke

aceite

yağ

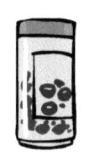

especias

baharat

ketchup

ketçap

mostaza

hardal

mayonesa

mayonez

supermercado
süpermarket

oferta
özel teklif
FOR
cliente
müşteri
productos lácteos
süt ürünleri
fruta
meyve
carrito de compras
alışveriş arabası

BUTCHERS

carnicería

kasap

BAKERY

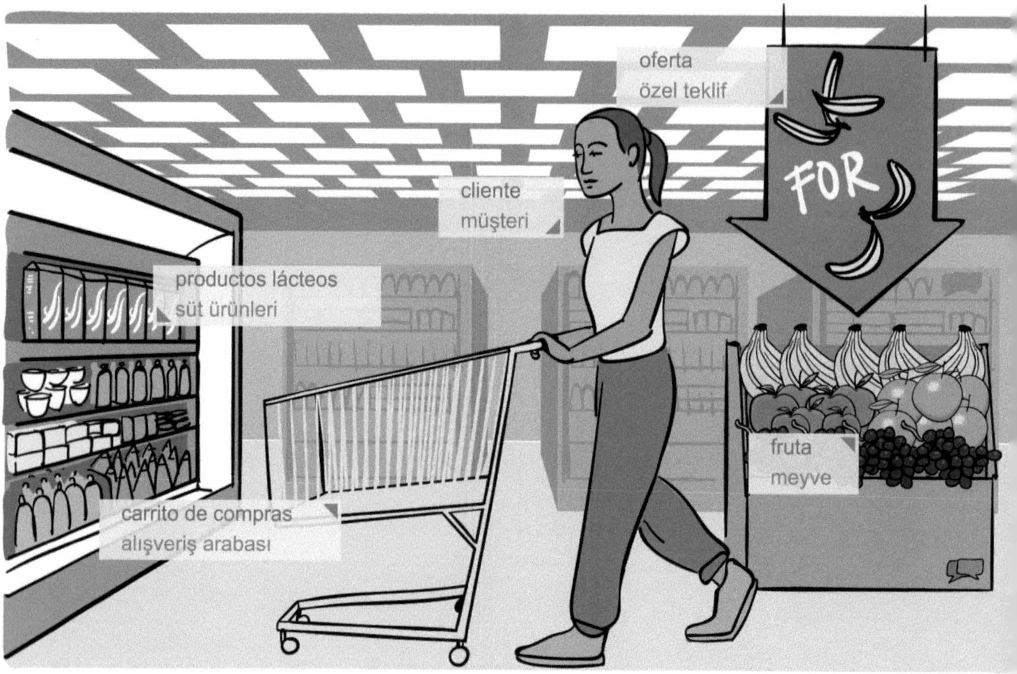

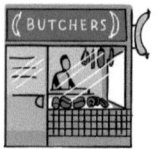

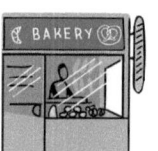

panadería

fırın

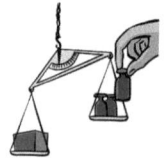

pesar

tartmak

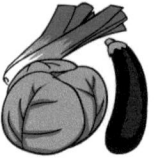

verdura

sebze

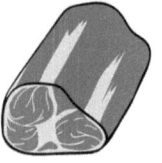

carne

et

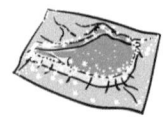

alimentos congelados

donmuş gıda

fiambre

söğüş et

conservas

konserve yiyecek

detergente en polvo

toz deterjan

dulces

şekerlemeler

artículos domésticos

ev temizlik ürünleri

productos de limpieza

temizlik ürünleri

vendedora

satış görevlisi

caja

yazar kasa

cajero

kasiyer

lista de compras

alışveriş listesi

horario de atención

açılış saatleri

cartera

cüzdan

tarjeta de crédito

kredi kartı

maleta

çanta

bolsa plástica

plastik poşet

agua

su

jugo

meyve suyu

leche

süt

refresco de cola

kola

vino

şarap

cerveza

bira

alcohol

alkol

cacao

kakao

té

çay

café

kahve

espresso

espresso

cappuccino

kapuçino

banana

muz

manzana

elma

naranja

portakal

sandía

kavun

limón

limon

zanahoria

havuç

ajo

sarımsak

bambú

bambu

cebolla

soğan

seta

mantar

nueces

çerez

fideos

makarna

espagueti

spagetti

arroz

pirinç

ensalada

salata

patatas fritas

cips

patatas salteadas

patates kızartması

pizza

pizza

hamburguesa

hamburger

sándwich

sandviç

escalope

şinitzel

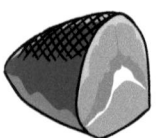

jamón

pastırma

salame

salam

embutido

sosis

pollo

tavuk

asado

rosto

pescado

balık

copos de avena

yulaf ezmesi

musli

müsli

copos de maíz tostado

mısır gevreği

harina

un

croissant

kruvasan

panecillo

küçük ekmek

pan

ekmek

tostada

tost

galletas

bisküvi

mantequilla

tereyağı

cuajada

kaymak

pastel

kek

huevo

yumurta

huevo frito

sahanda yumurta

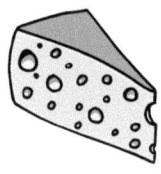

queso

peynir

comida - yemek

helado
dondurma

azúcar
şeker

miel
bal

mermelada
reçel

praliné
fındık ezmesi

curry
köri

granja
çiftlik

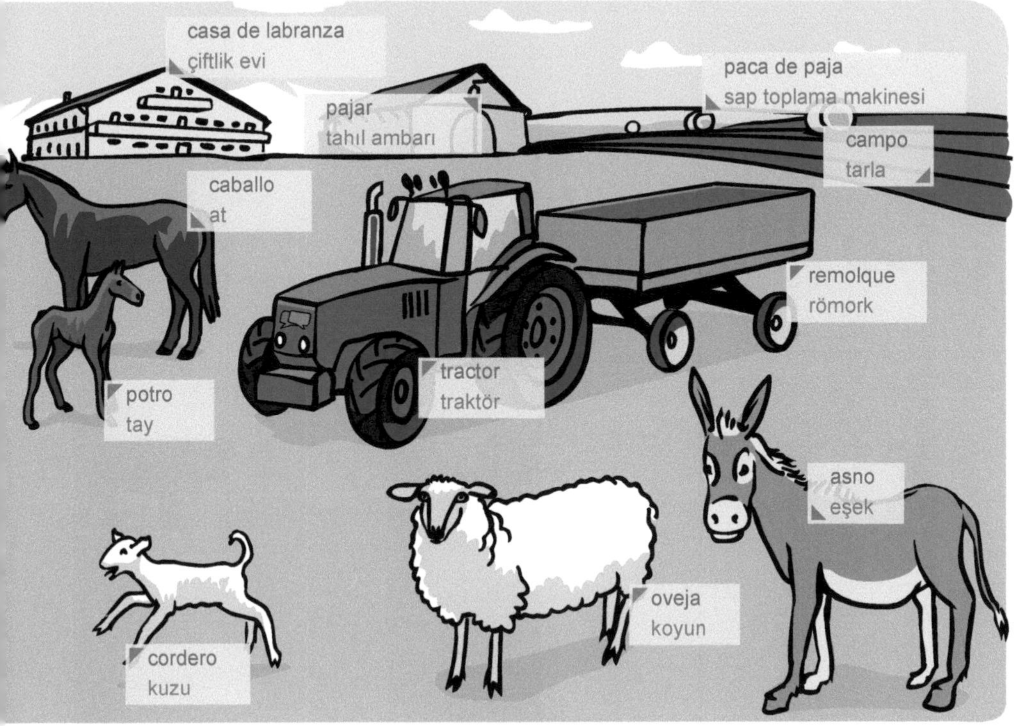

casa de labranza
çiftlik evi
pajar
tahıl ambarı
paca de paja
sap toplama makinesi
campo
tarla
caballo
at
remolque
römork
tractor
traktör
potro
tay
asno
eşek
oveja
koyun
cordero
kuzu

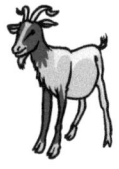

cabra

keçi

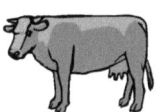

vaca

inek

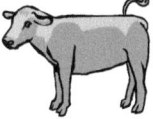

ternero

buzağı

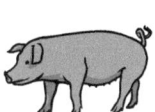

cerdo

domuz

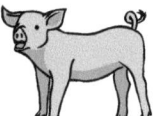

lechón

domuz yavrusu

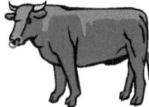

toro

boğa

ganso
kaz

pato
ördek

polluelo
civciv

pollo
tavuk

gallo
horoz

rata
sıçan

gato
kedi

ratón
fare

buey
öküz

perro
köpek

caseta del perro
köpek kulübesi

manguera de riego
bahçe hortumu

regadera
sulama kabı

guadaña
tırpan

arado
pulluk

hoz

orak

azada

çapa

bieldo

dirgen

hacha

balta

carretilla

el arabası

abrevadero

yemlik

lechera

süt kovası

saco

çuval

cerca

çit

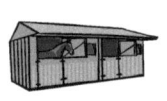

establo

ahır

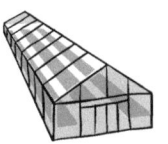

invernadero

sera

suelo

toprak

semilla

tohum

fertilizante

gübre

cosechadora

biçerdöver

cosechar

hasat etmek

cosecha

harman

raíz de ñame

tatlı patates

trigo

buğday

soja

soya

patata

patates

maíz

mısır

colza

kolza

Árbol frutal

meyve ağacı

mandioca

manyok

cereales

hububat

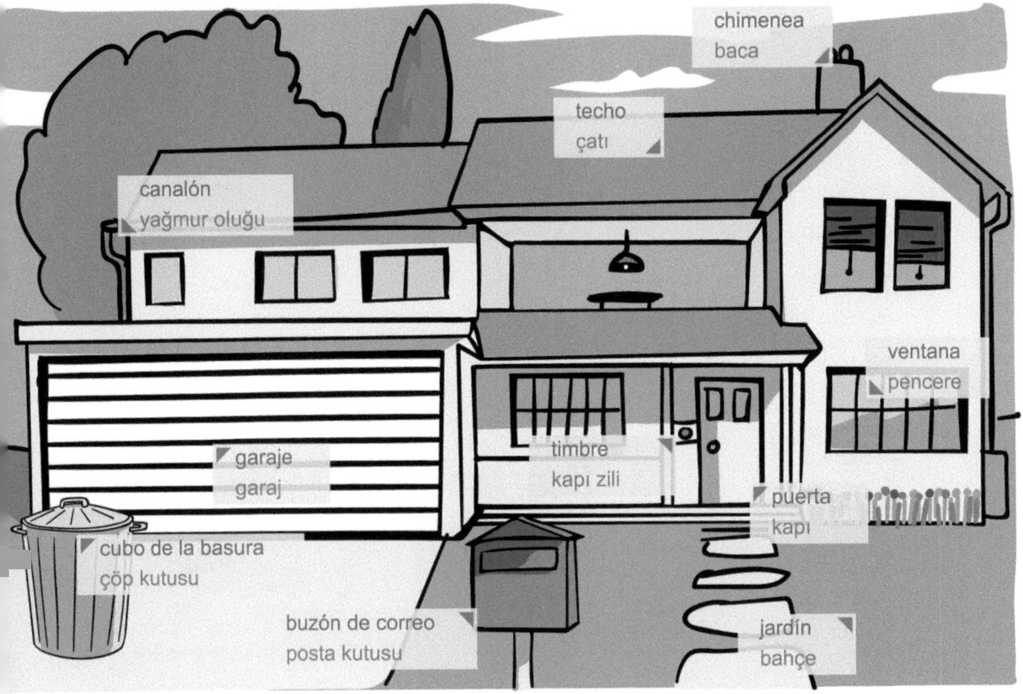

chimenea
baca

techo
çatı

canalón
yağmur oluğu

ventana
pencere

garaje
garaj

timbre
kapı zili

puerta
kapı

cubo de la basura
çöp kutusu

buzón de correo
posta kutusu

jardín
bahçe

cuarto de estar

oturma odası

cuarto de baño

banyo

cocina

mutfak

dormitorio

yatak odası

cuarto de los niños

çocuk odası

comedor

yemek odası

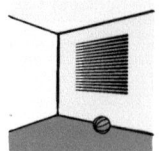

piso
....
zemin

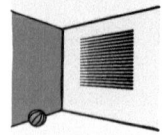

pared
....
duvar

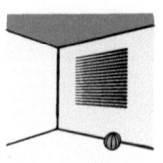

cielorraso
....
tavan

sótano
....
kiler

sauna
....
sauna

balcón
....
balkon

terraza
....
teras

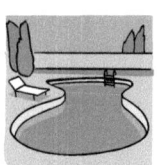

piscina
....
havuz

cortacésped
....
çim biçme makinesi

funda nórdica
....
çarşaf

edredón
....
yatak örtüsü

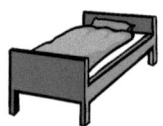

cama
....
yatak

escoba
....
süpürge

cubo
....
kova

interruptor
....
anahtar

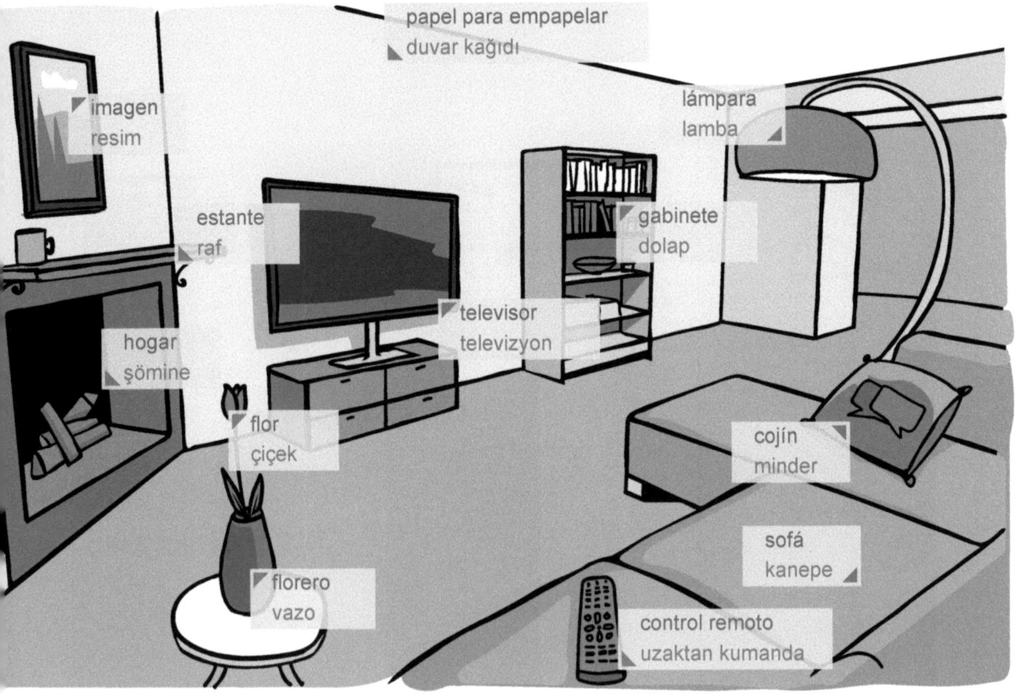

papel para empapelar
duvar kağıdı

imagen
resim

lámpara
lamba

estante
raf

gabinete
dolap

televisor
televizyon

hogar
şömine

flor
çiçek

cojín
minder

sofá
kanepe

florero
vazo

control remoto
uzaktan kumanda

alfombra
halı

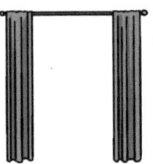

cortina
perde

mesa
masa

silla
sandalye

mecedora
salıncaklı koltuk

sillón
koltuk

libro
kitap

frazada
battaniye

decoración
dekor

leña
odun

film
film

equipo estereofónico
hi-fi

llave
anahtar

periódico
gazete

cuadro
tablo

póster
poster

radio
radyo

bloc de notas
defter

aspiradora
elektrikli süpürge

cactus
kaktüs

vela
mum

cocina
mutfak

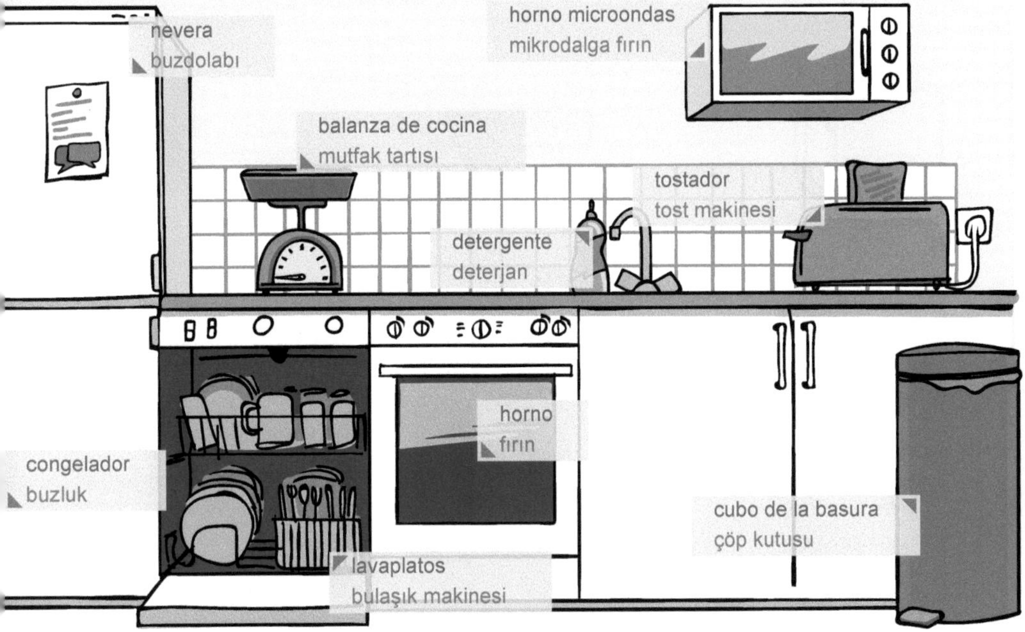

nevera
buzdolabı
horno microondas
mikrodalga fırın
balanza de cocina
mutfak tartısı
tostador
tost makinesi
detergente
deterjan
horno
fırın
congelador
buzluk
cubo de la basura
çöp kutusu
lavaplatos
bulaşık makinesi

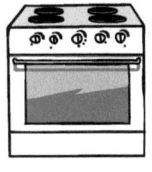

cocina
....
ocak

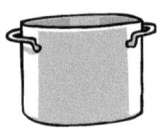

olla
....
tencere

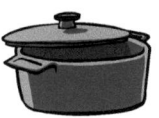

olla de fundición de hierro
....
döküm tencere

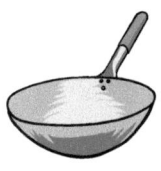

wok / kadai
....
wok

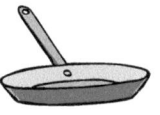

sartén
....
tava

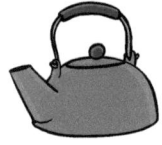

hervidor de agua
....
su ısıtıcı

olla de vapor

buharlı pişirici

bandeja de horno

pişirme tepsisi

vajilla

tabak takımı

vaso

kupa

bol

kase

palillos para comer

çubuk (çin yemeği)

cucharón de sopa

kepçe

espátula

spatula

batidor

çırpma teli

colador

süzgeç

cedazo

elek

rallador

rende

mortero

havan

parrillada

barbekü

fogata

açık ateş

tabla de picar
kesme tahtası

rodillo
merdane

sacacorchos
tirbüşon

lata
konserve kutusu

abrelatas
konserve açacağı

agarrador
fırın eldiveni

fregadero
evye

cepillo
fırça

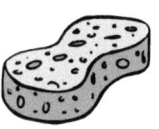

esponja
sünger

batidora
blender

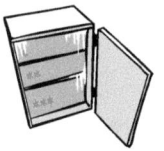

arcón congelador
derin dondurucu

biberón
biberon

grifo
musluk

cuarto de baño

banyo

calefacción
ısıtma
toalla
havlu
ducha
duş
cortina para ducha
duş perdesi
baño de espuma
köpük banyosu
bañera
küvet
lavadora
çamaşır makinesi
vaso
bardak
grifo
musluk
baldosa
fayans
orinal
lazımlık
fregadero
evye

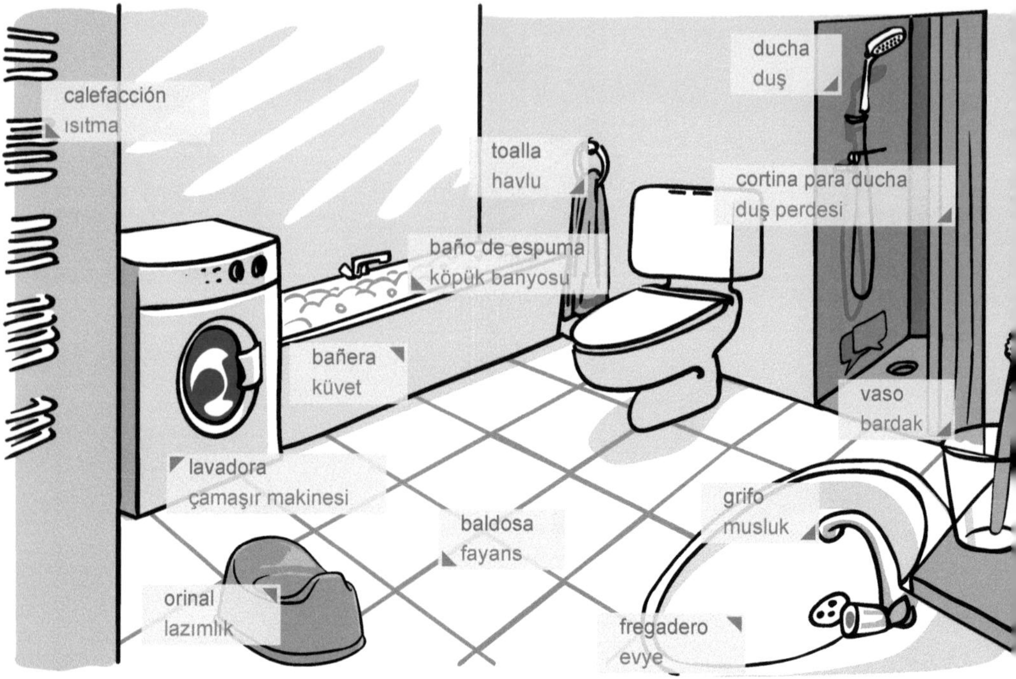

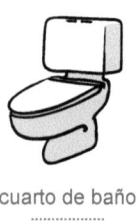

cuarto de baño

tuvalet

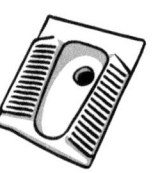

placa turca

alaturka tuvalet

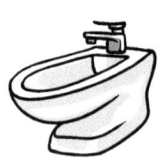

bidé

bide

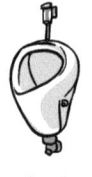

urinario

pisuvar

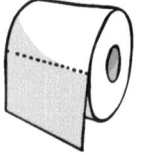

papel higiénico

tuvalet kağıdı

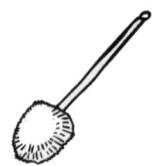

escobilla para el cuarto de baño

tuvalet fırçası

cepillo de dientes

diş fırçası

pasta dentífrica

diş macunu

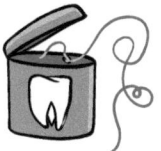

seda dental

diş ipi

lavar

yıkamak

ducha teléfono

duş başlığı

ducha higiénica

duş başlığı şeklinde taharet musluğu

cuenco

küvet

cepillo para la espalda

banyo fırçası

jabón

sabun

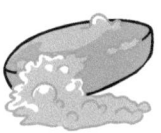

gel de ducha

duş jeli

champú

şampuan

manopla para baño

banyo lifi

desagüe

gider

crema

krem

desodorante

deodorant

espejo

ayna

espejo de maquillaje

el aynası

máquina de afeitar

jilet

espuma de afeitar

tıraş köpüğü

loción para después del afeitado

tıraş losyonu

peine

tarak

cepillo

fırça

secador para cabello

saç kurutma makinesi

laca de peinado

saç spreyi

maquillaje

makyaj

lápiz labial

ruj

laca para uñas

tırnak cilası

algodón

pamuk

tijera para uñas

tırnak makası

perfume

parfüm

neceser

makyaj çantası

taburete

tabure

balanza

tartı

bata de baño

bornoz

guantes de goma

lastik eldiven

tampón

tampon

compresa

kadın pedi

wáter químico

kimyevi tuvalet

cuarto de los niños

çocuk odası

despertador
çalar saat
animal de peluche
peluş oyuncak
auto de juguete
oyuncak araba
sonajero
çıngırak
casa de muñecas
bebek evi
obsequio
hediye

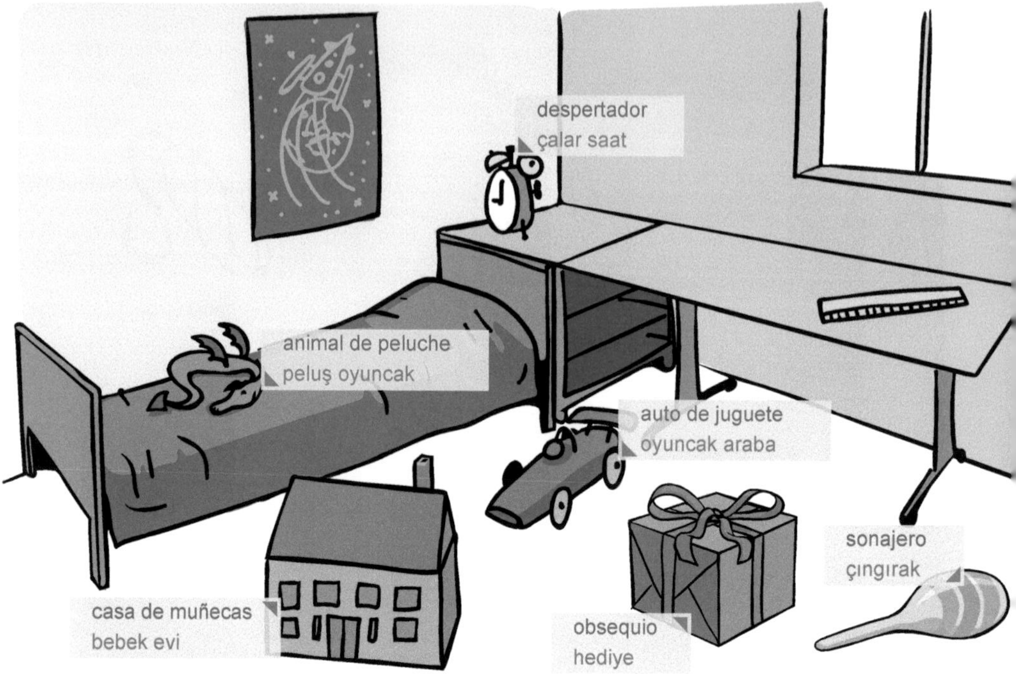

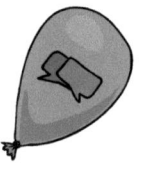

globo

balon

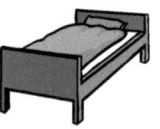

cama

yatak

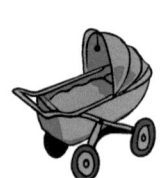

cochecito para niños

bebek arabası

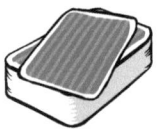

juego de barajas

kart destesi

rompecabezas

yapboz

SUPER
MEGA

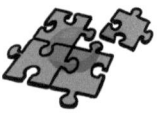

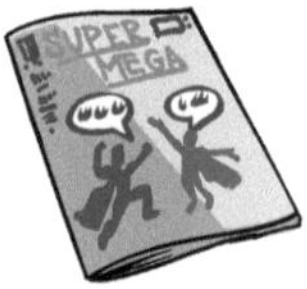

cómic

çizgi roman

piezas de Lego

lego tuğlaları

bloques para jugar

lego blokları

figura de acción

aksiyon figürü

pijama de una pieza

zıbın

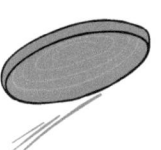

frisbee

frizbi

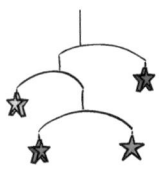

móvil

dönence

juego de mesa

masa oyunu

dado

zar

tren eléctrico a escala

model tren seti

chupete

emzik

fiesta

parti

libro de dibujos

resimli kitap

pelota

top

títere

oyuncak bebek

jugar

oynamak

arenero

kum havuzu

columpio

salıncak

juguetes

oyuncaklar

consola de videojuego

video oyun konsolu

triciclo

üç tekerlekli bisiklet

osito de peluche

oyuncak ayı

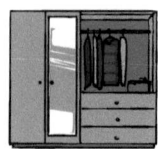

guardarropa

gardırop

vestimenta
kıyafet

calcetines

çorap

medias

külotlu çorap

panti

tayt

chal
eşarp

paraguas
şemsiye

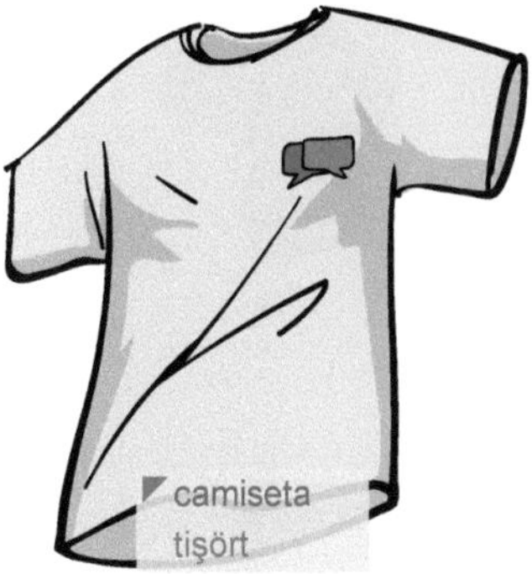

camiseta
tişört

cinturón
kemer

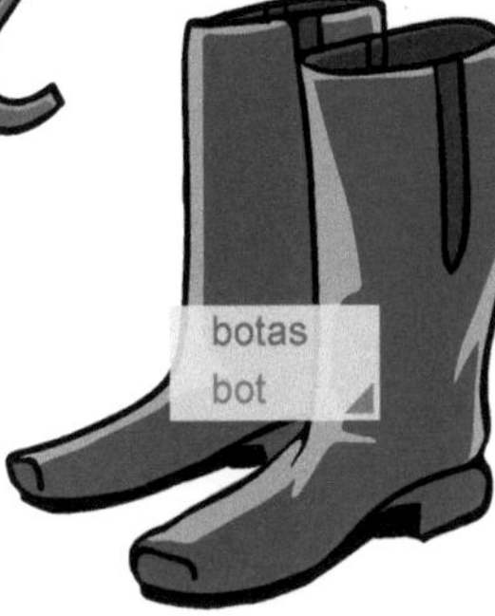

botas
bot

zapatilla
terlik

deportivas
spor ayakkabı

sandalias
....
sandalet

zapatos
....
ayakkabı

botas de goma
....
lastik çizme

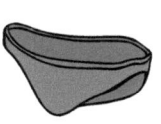

ropa interior
....
külot

corpiño
....
sütyen

camiseta
....
yelek

body

dar bluz

pantalón

pantolon

jeans

kot pantolon

falda

etek

blusa

bluz

camisa

gömlek

pullover

kazak

sweater

süveter

blazer

blazer

chaqueta

ceket

abrigo

mont

impermeable

yağmurluk

traje chaqueta

kostüm

vestido

elbise

vestido de bodas

gelinlik

vestimenta - kıyafet

traje

takım elbise

camisón

gecelik

pijama

pijama

sari

sari

pañuelo de cabeza

baş örtüsü

turbante

türban

burka

burka

caftán

kaftan

abaya

çarşaf

traje de baño

mayo

bañador

erkek mayosu

shorts

şort

chándal

eşofman

delantal

önlük

guante

eldiven

botón
düğme

gafa
gözlük

brazalete
bilezik

cadena
kolye

anillo
yüzük

aro
küpe

gorra
kep

percha
portmanto

sombrero
şapka

corbata
kravat

cierre a cremallera
fermuar

casco
kask

tiradores
pantolon askısı

uniforme escolar
okul forması

uniforme
üniforma

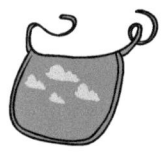

babero

mama önlüğü

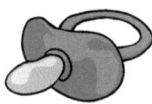

chupete

emzik

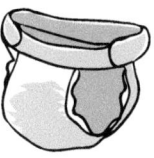

pañal

bebek bezi

oficina

ofis

servidor
sunucu
archivador
dosya dolabı
impresora
yazıcı
papel
kağıt
monitor
monitör
ratón
fare
escritorio
masa
carpeta
klasör
teclado
klavye
cesto de papeles
kağıt çöp kutusu
ordenador
bilgisayar
silla
sandalye

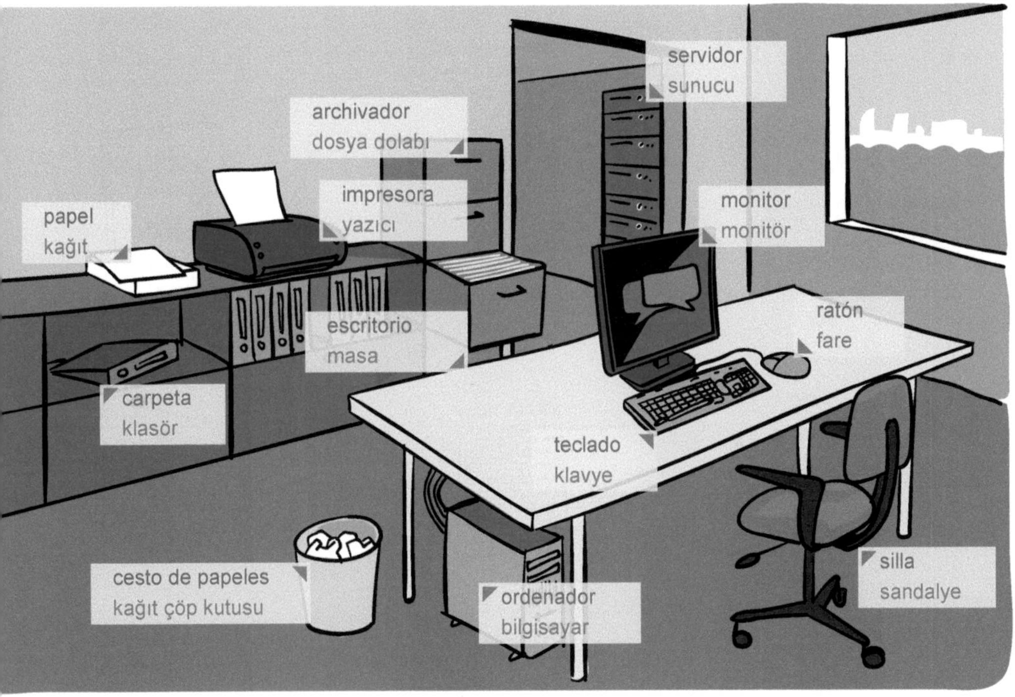

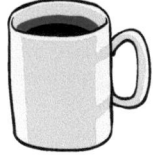

taza de café

kahve fincanı

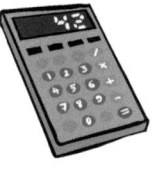

calculadora

hesap makinesi

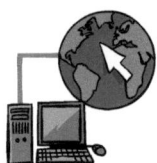

internet

internet

laptop

dizüstü

carta

mektup

mensaje

mesaj

teléfono móvil

cep telefonu

red

ağ

fotocopiadora

fotokopi makinesi

software

yazılım

teléfono

telefon

tomacorriente

priz

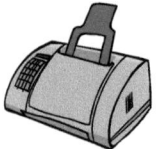

máquina de fax

faks makinesi

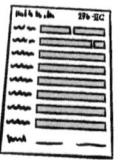

formulario

form

documento

belge

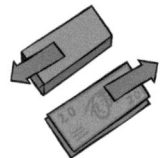

comprar

satın almak

pagar

ödemek

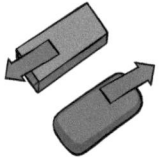

comerciar

ticaret yapmak

dinero

para

dólar

dolar

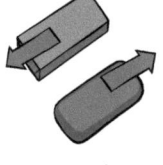

euro

avro

yen

yen

rublo

ruble

franco

İsviçre frangı

renminbi

Çin yuanı

rupia

rupi

cajero automático

kasa

casa de cambio

döviz bürosu

oro

altın

plata

gümüş

petróleo

petrol

energía

enerji

precio

fiyat

contrato

kontrat

impuesto

vergi

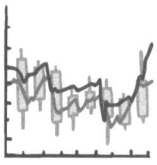

acción

menkul değer

trabajar

çalışmak

empleado

işveren

empleador

işçi

fábrica

fabrika

negocio

mağaza

economía - ekonomi

policía
polis memuru

bombero
itfaiyeci

cocinero
aşçı

médico
doktor

piloto
pilot

jardinero
bahçıvan

carpintero
marangoz

costurera
terzi

juez
hakim

químico
kimyager

actor
aktör

conductor de autobús	taxista	pescador
otobüs şoförü	taksi şoförü	balıkçı

mujer de la limpieza	techista	camarero
temizlikçi	çatı ustası	garson

cazador	pintor	panadero
avcı	boyacı	fırıncı

electricista	albañil	ingeniero
elektrikçi	inşaatçı	mühendis

carnicero	fontanero	cartero
kasap	muslukçu	postacı

soldado
asker

arquitecto
mimar

cajero
kasiyer

florista
çiçekçi

peluquero
kuaför

cobrador
kondüktör

mecánico
tamirci

capitán
kaptan

odontólogo
dişçi

científico
bilim insanı

rabino
haham

imam
imam

monje
keşiş

párroco
rahip

herramientas
aletler

tenazas
penseler
martillo
çekiç
destornillador
tornavida
lámpara de me
el feneri
llave de tuercas
İngiliz anahtarı

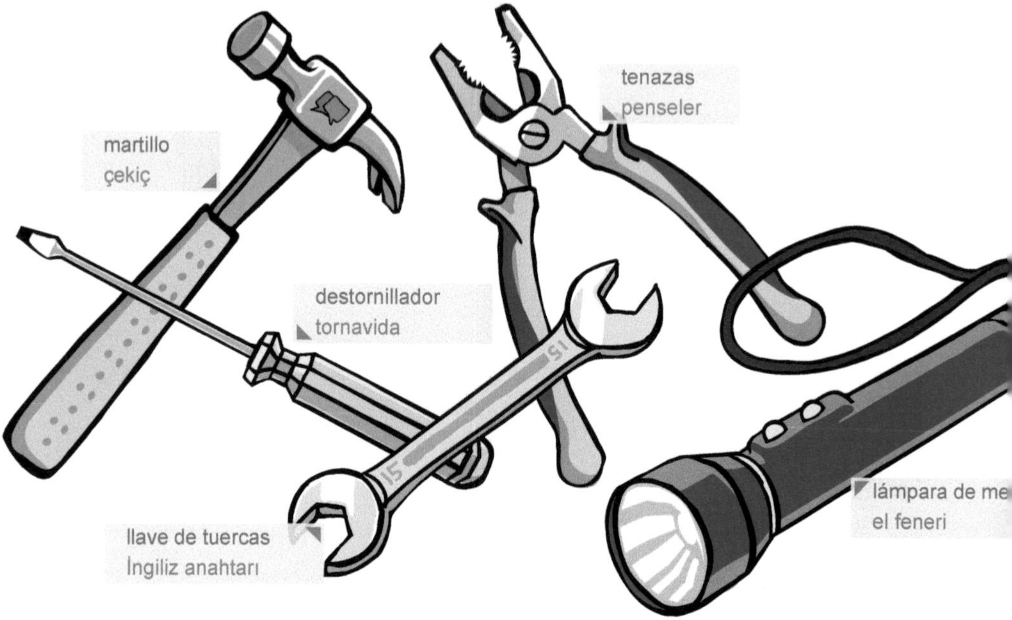

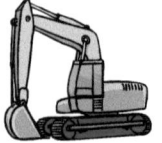

excavadora
kazı makinesi

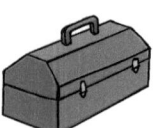

caja de herramientas
alet çantası

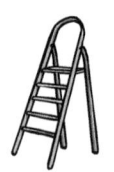

escalerilla
merdiven

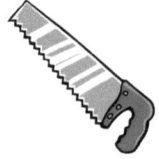

serrucho
testere

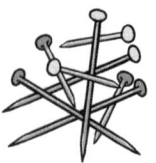

clavos
çiviler

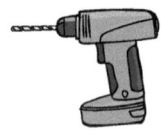

taladro
matkap

reparar

tamir etmek

pala

kürek

¡Maldición!

Kahretsin!

recogedor

faraş

lata de pintura

boya tenekesi

tornillos

vidalar

instrumentos musicales

müzik enstrümanı

altavoz
hoparlör

batería
bateri seti

guitarra
gitar

contrabajo
kontrbas

trompeta
trompet

piano
piyano

violín
keman

bajo
basgitar

timbales
timpani

tambor
bateri

teclado
klavye

saxofón
saksafon

flauta
flüt

micrófono
mikrofon

zoológico
hayvanat bahçesi

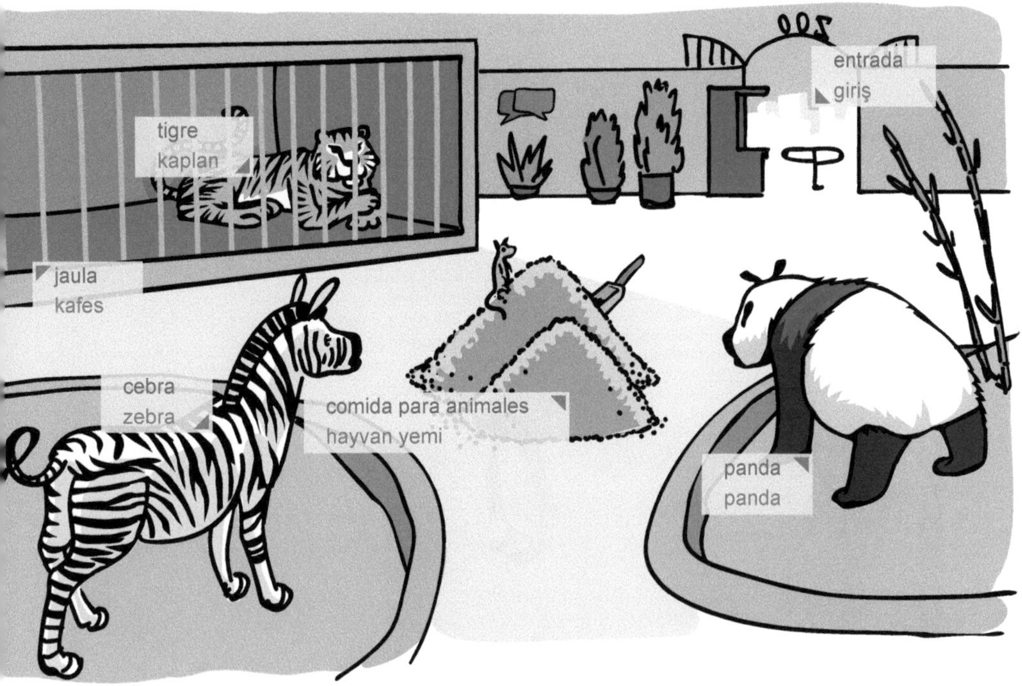

entrada
giriş
tigre
kaplan
jaula
kafes
cebra
zebra
comida para animales
hayvan yemi
panda
panda

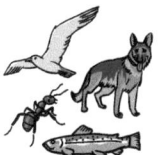

animales

hayvanlar

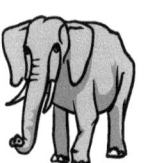

elefante

fil

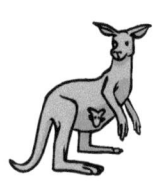

canguro

kanguru

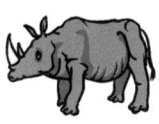

rinoceronte

gergedan

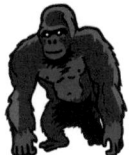

gorila

goril

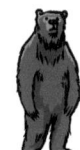

oso

ayı

camello
deve

avestruz
deve kuşu

león
aslan

mono
maymun

flamengo
flamingo

papagayo
papağan

oso polar
kutup ayısı

pingüino
penguen

tiburón
köpek balığı

pavo real
tavus kuşu

serpiente
yılan

cocodrilo
timsah

cuidador del zoológico
hayvanat bahçesi görevlisi

foca
fok

jaguar
jaguar

pony

midilli atı

leopardo

leopar

hipopótamo

su aygırı

jirafa

zürafa

águila

kartal

jabalí

yaban domuzu

pescado

balık

tortuga

kaplumbağa

morsa

mors

zorro

tilki

gacela

ceylan

fútbol americano
amerikan futbolu

ciclismo
bisiklete binme

tenis
tenis

baloncesto
basketbol

natación
yüzme

boxeo
boks

hockey sobre hielo
buz hokeyi

| fútbol | badminton | atletismo |
| futbol | badminton | atletizm |

| balonmano | esquí | polo |
| hentbol | kayak | polo |

actividades
etkinlikler

reír
gülmek
saltar
atlamak
abrazar
sarılmak
caminar
yürümek
cantar
söylemek
soñar
hayal etmek
rezar
dua etmek
besar
öpmek

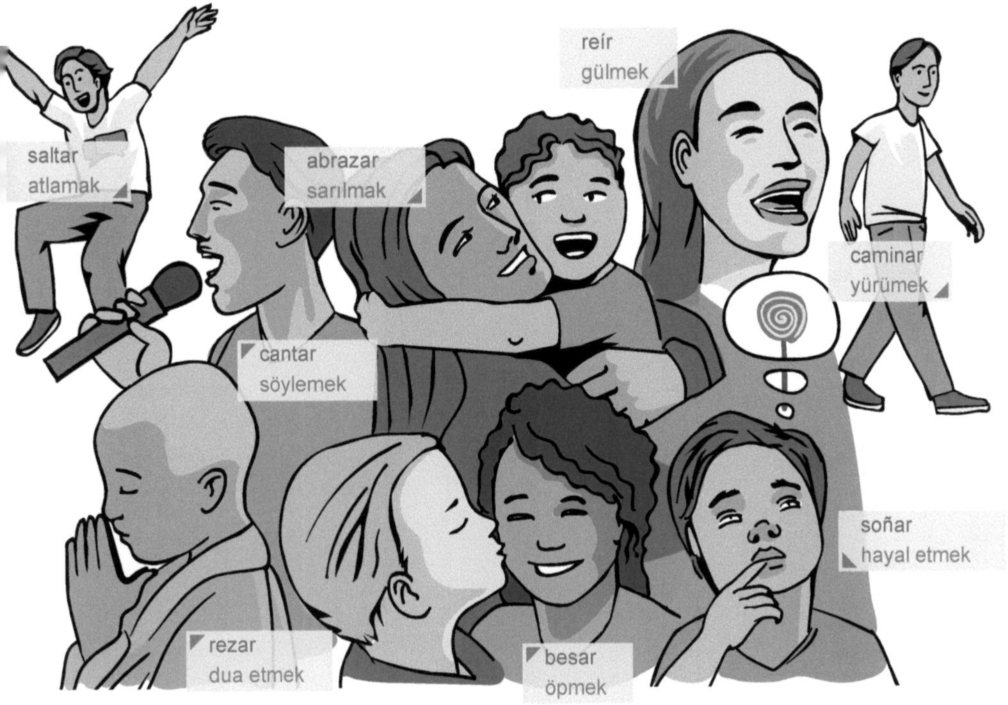

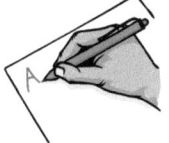

escribir

yazmak

dibujar

çizmek

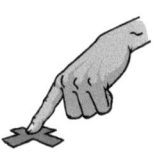

mostrar

göstermek

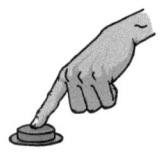

presionar

itmek

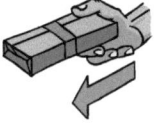

dar

vermek

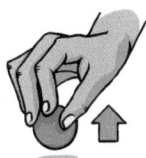

tomar

almak

tener

sahip olmak

hacer

yapmak

ser

olmak

estar de pie

ayakta durmak

correr

koşmak

tirar

çekmek

arrojar

atmak

caer

düşmek

estar acostado

yalan söylemek

esperar

beklemek

llevar

taşımak

estar sentado

oturmak

vestirse

giyinmek

dormir

uyumak

despertar

uyanmak

mirar
....
bakmak

llorar
....
ağlamak

acariciar
....
vurmak

peinarse
....
taramak

conversar
....
konuşmak

entender
....
anlamak

preguntar
....
sormak

oír
....
dinlemek

beber
....
içmek

comer
....
yemek

asear
....
düzenlemek

amar
....
sevmek

cocinar
....
pişirmek

conducir
....
sürmek

volar
....
uçmak

navegar

denize açılmak

calcular

hesapla

leer

okumak

aprender

öğrenmek

trabajar

çalışmak

casarse

evlenmek

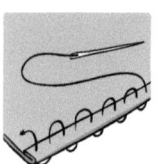

coser

dikmek

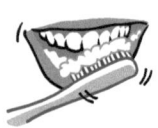

limpiarse los dientes

diş fırçalamak

matar

öldürmek

fumar

sigara içmek

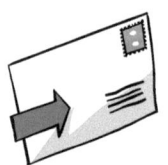

enviar

yollamak

abuela
büyükanne

abuelo
büyükbaba

padre
baba

madre
anne

bebé
bebek

hija
kız

hijo
oğul

invitado

misafir

tía

teyze

tío

amca

hermano

erkek kardeş

hermana

kız kardeş

cuerpo
vücut

frente
alın
ojo
göz
hombro
omuz
dedo
parmak
cara
yüz
barbilla
çene
mano
el
pierna
bacak
pecho
göğüs
brazo
kol

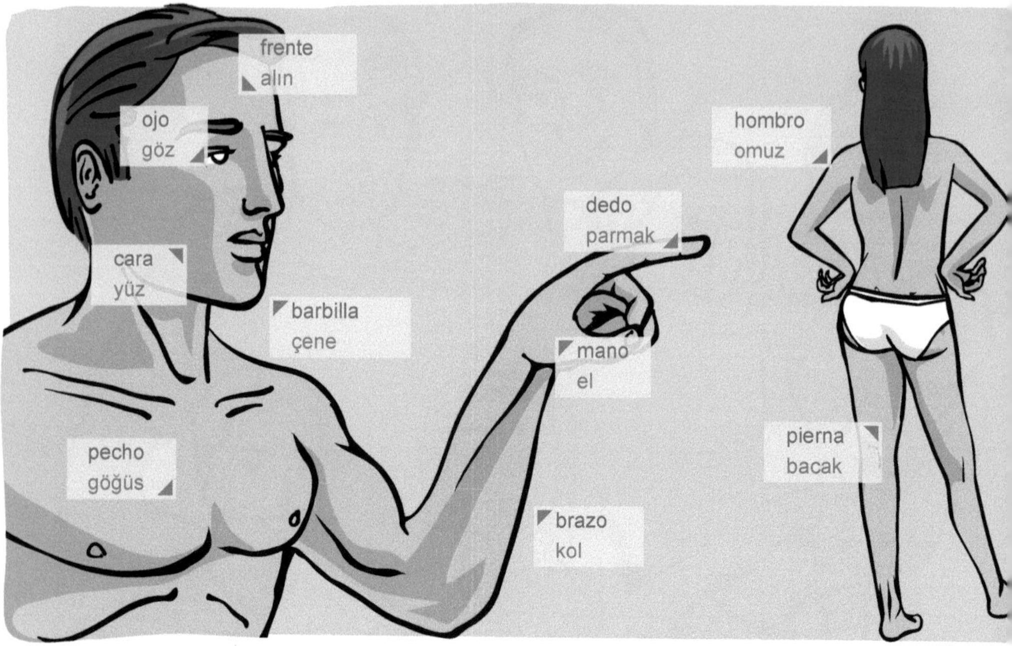

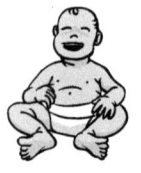

bebé

bebek

hombre

adam

mujer

kadın

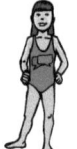

muchacha

kız

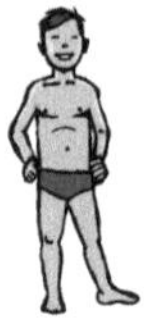

joven

erkek çocuk

cabeza

baş

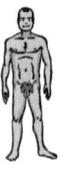

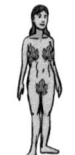

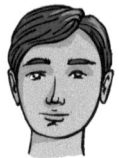

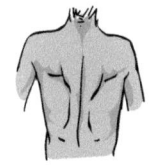

espalda
sırt

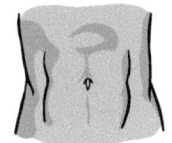

vientre
karın

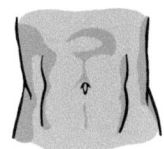

ombligo
göbek

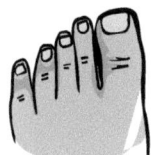

dedo del pie
ayak parmağı

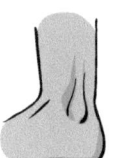

talón
topuk

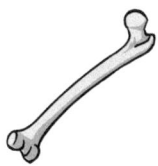

hueso
kemik

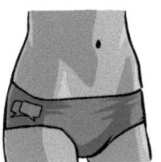

cadera
kalça

rodilla
diz

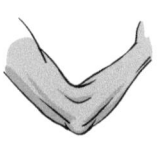

codo
dirsek

nariz
burun

trasero
kalça

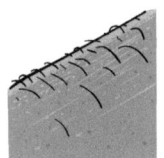

piel
deri

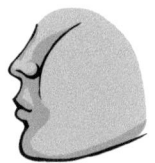

mejilla
yanak

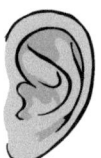

oreja
kulak

labio
dudak

boca
ağız

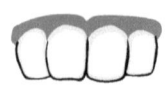

diente
diş

lengua
dil

cerebro
beyin

corazón
kalp

músculo
kas

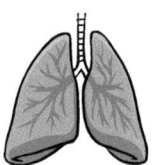

pulmón
akciğer

hígado
karaciğer

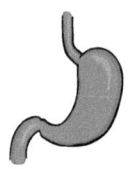

estómago
mide

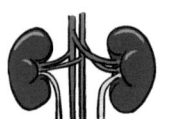

riñones
böbrekler

relación sexual
seks

condón
prezervatif

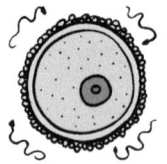

Óvulo
yumurtalık

esperma
sperm

embarazo
hamilelik

cuerpo - vücut

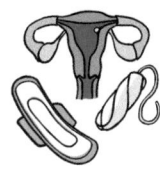

menstruación
regl

vagina
vajina

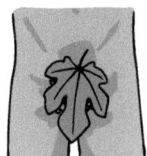

pene
penis

ceja
kaş

cabello
saç

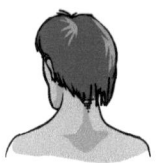

cuello
boyun

hospital
hastane

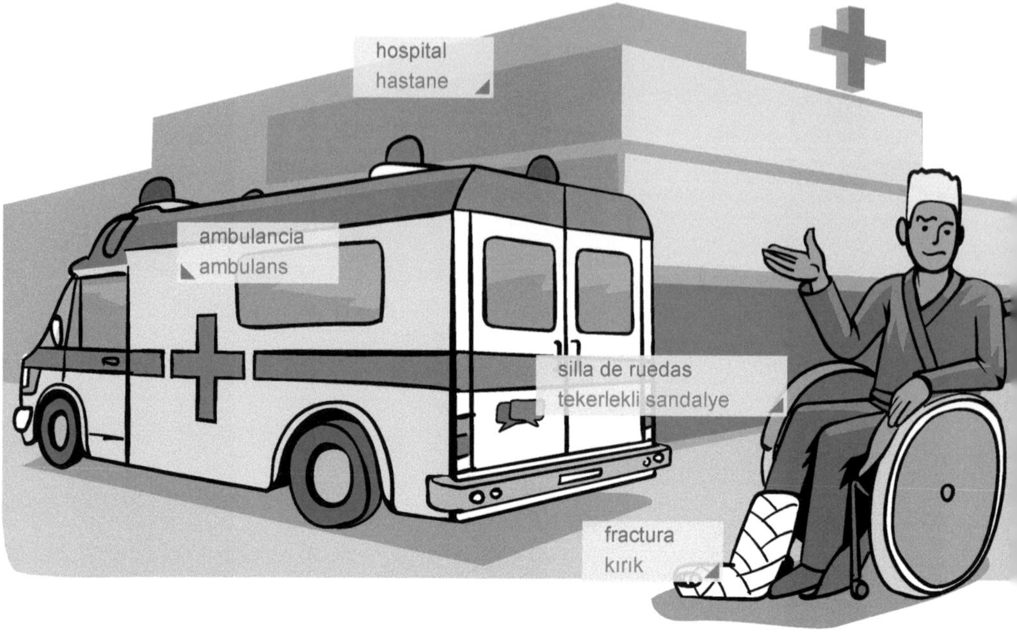

hospital
hastane
ambulancia
ambulans
silla de ruedas
tekerlekli sandalye
fractura
kırık

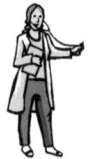

médico
doktor

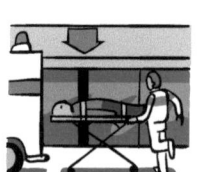

admisión de urgencia
acil servis

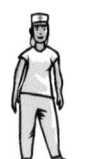

enfermera
hemşire

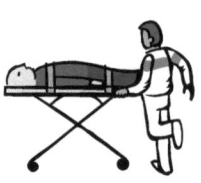

emergencia
acil

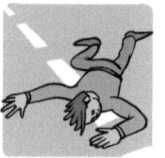

inconsciente
baygın

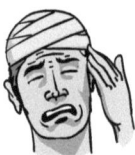

dolor
acı

lesión

yaralanma

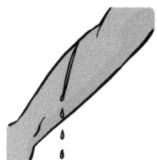

hemorragia

kanama

infarto de miocardio

kalp krizi

apoplejía cerebral

felç

alergia

alerji

tos

öksürük

fiebre

ateş

gripe

grip

diarrea

ishal

dolor de cabeza

baş ağrısı

cáncer

kanser

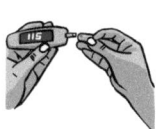

diabetes

şeker hastalığı

cirujano

cerrah

escalpelo

neşter

operación

operasyon

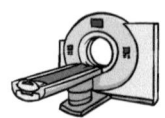

TC
bilgisayarlı tomografi

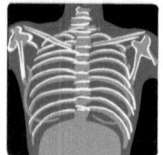

rayos X
röntgen

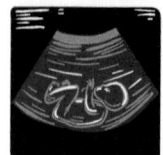

ultrasonido
ultrason

máscara
yüz maskesi

enfermedad
hastalık

sala de espera
bekleme odası

muleta
koltuk değneği

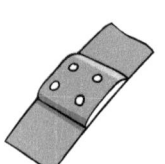

emplasto
yara bandı

vendaje
bandaj

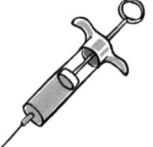

inyección
enjeksiyon

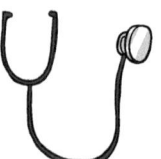

estetoscopio
steteskop

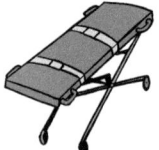

camilla
sedye

termómetro
tıbbi termometre

nacimiento
doğum

sobrepeso
fazla kilo

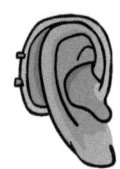

audífono

işitme cihazı

desinfectante

dezenfektan

infección

enfeksiyon

virus

virüs

VIH / SIDA

HIV / AIDS

medicina

ilaç

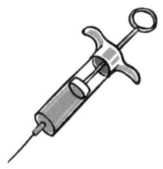

vacunación

aşı

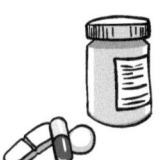

comprimido

tablet

píldora anticonceptiva

hap

llamada de emergencia

acil çağrı

medidor de presión arterial

tansiyon aleti

enfermo / saludable

hasta / sağlıklı

¡Ayuda!

İmdat!

alarma

alarm

asalto

darp

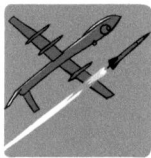

ataque

saldırı

peligro

tehlike

salida de emergencia

acil çıkış

¡Fuego!

Yangın!

extintor

yangın tüpü

accidente

kaza

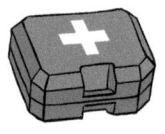

kit de primeros auxilios

ilk yardım çantası

SOS

imdat

Policía

polis

Europa

Avrupa

América del Norte

Kuzey Amerika

América del Sur

Güney amerika

África

Afrika

Asia

Asya

Australia

Avustralya

Atlántico

Atlantik

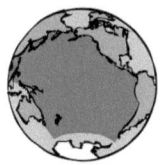

Pacífico

Pasifik

Océano Índico

Hint Okyanusu

Océano Antártico

Antarktika Okyanusu

Océano Ártico

Arktik Okyanusu

Polo Norte

Kuzey Kutbu

Polo Sur

Güney Kutbu

Antártida

Antarktika

Tierra

dünya

país

kara

mar

deniz

isla

ada

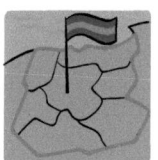

nación

ulus

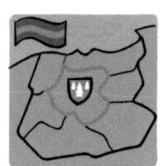

Estado

ülke

cuadrante

kadran

horario

akrep

minutero

yelkovan

segundero

saniye ibresi

¿Qué hora es?

Saat kaç?

día

gün

tiempo

zaman

ahora

şimdi

reloj digital

dijital saat

minuto

dakika

hora

saat

semana
hafta

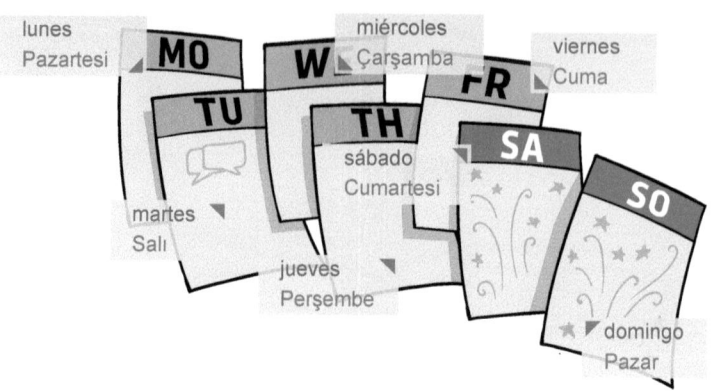

lunes
Pazartesi

miércoles
Çarşamba

viernes
Cuma

martes
Salı

sábado
Cumartesi

jueves
Perşembe

domingo
Pazar

ayer
....
dün

hoy
....
bugün

mañana
....
yarın

mañana
....
sabah

mediodía
....
öğle

tarde
....
akşam

jornada de trabajo
....
iş günleri

fin de semana
....
hafta sonu

año
yıl

lluvia
yağmur
arco iris
gökkuşağı
nieve
kara
viento
rüzgar
primavera
bahar
otoño
sonbahar
verano
yaz
invierno
kış

4.APRIL 11°
5.APRIL 4°
6.APRIL 13°
7.APRIL 8°
8.APRIL 10°

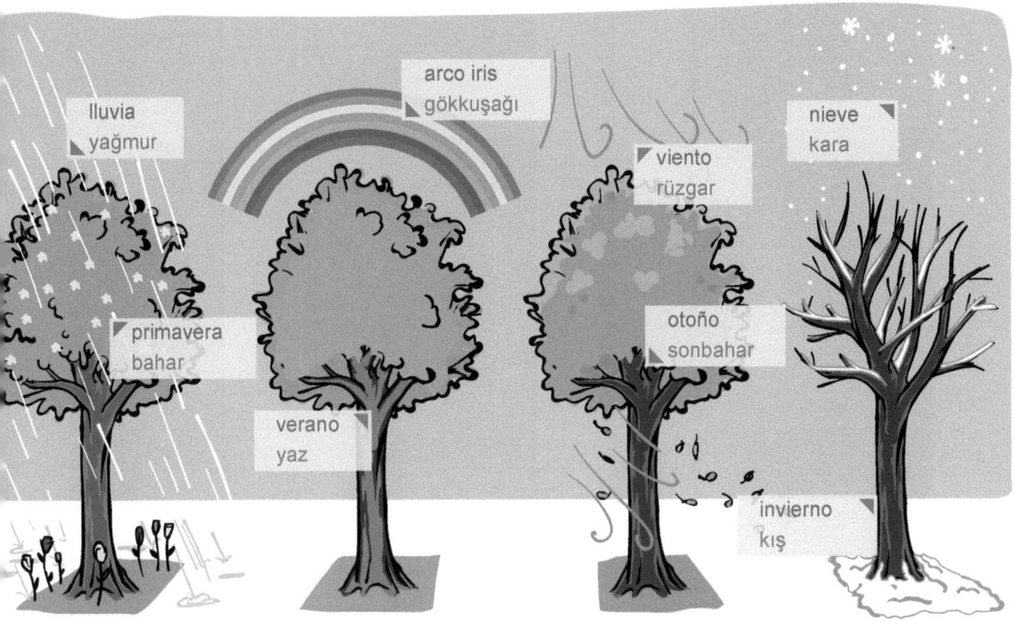

pronóstico meteorológico

hava durumu tahmini

F C
120 40
90 30
60 20
30 10
0 0
-30 -10
-20

termómetro

termometre

luz solar

güneş ışığı

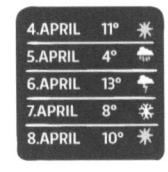

nube

bulut

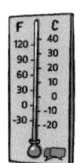

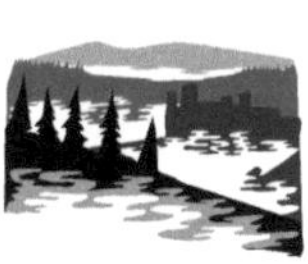

niebla

sis

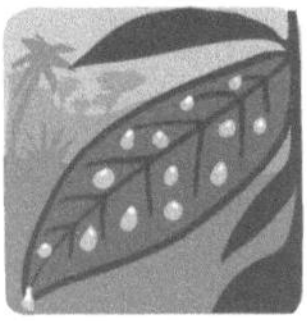

humedad ambiente

nem

relámpago

şimşek

trueno

gök gürültüsü

tormenta

fırtına

granizo

dolu

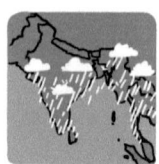

monzón

muson

inundación

sel

hielo

buz

enero

Ocak

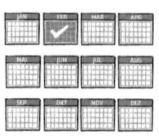

febrero

Şubat

marzo

Mart

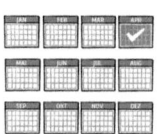

abril

Nisan

mayo

Mayıs

junio

Haziran

julio

Temmuz

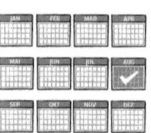

agosto

Ağustos

año - yıl

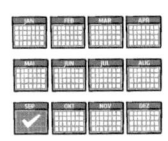

septiembre
....
Eylül

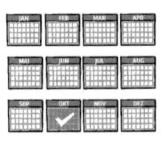

octubre
....
Ekim

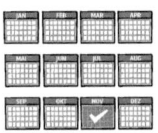

noviembre
....
Kasım

diciembre
....
Aralık

formas
şekiller

círculo
....
daire

cuadrado
....
kare

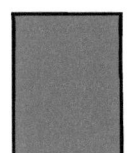

rectángulo
....
dikdörtgen

triángulo
....
üçgen

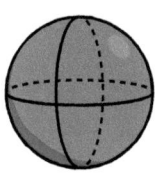

esfera
....
küre

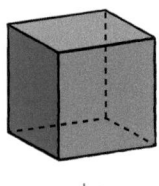

cubo
....
küp

blanco
beyaz

amarillo
sarı

anaranjado
turuncu

rosa
pembe

rojo
kırmızı

lila
mor

azul
mavi

verde
yeşil

marrón
kahverengi

gris
gri

negro
siyah

mucho / poco
çok / az

enojado / calmado
kızgın / sakin

bonito / feo
güzel / çirkin

comienzo / fin
başlangıç / son

grande / pequeño
büyük / küçük

claro / oscuro
parlak / karanlık

hermano / hermana
erkek kardeş / kız kardeş

limpio / sucio
temiz / kirli

completo / incompleto
tamam / eksik

día / noche
gün / gece

muerto / vivo
ölü / canlı

ancho / angosto
geniş / dar

disfrutable / no disfrutable

yenilebilir / yenilemez

malo / amigable

kötü / iyi

excitado / aburrido

heyecanlı / sıkılmış

gordo / delgado

şişman / zayıf

primero / último

ilk / son

amigo / enemigo

dost / düşman

lleno / vacío

dolu / boş

duro / suave

sert / yumuşak

pesado / liviano

ağır / hafif

hambre / sed

açlık / susuzluk

enfermo / saludable

hasta / sağlıklı

ilegal / legal

yasa dışı / yasal

inteligente / tonto

zeki / aptal

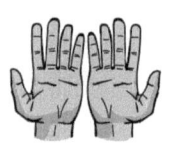

izquierda / derecha

sol / sağ

cercano / lejano

yakın / uzak

opuestos - zıt anlamlılar

nuevo / usado
yeni / kullanılmış

nada / algo
hiçbir şey / bir şey

viejo / joven
yaşlı / genç

encendido / apagado
açma / kapama

abierto / cerrado
açık / kapalı

bajo / fuerte
sessiz / gürültülü

rico / pobre
zengin / fakir

correcto / incorrecto
doğru / yanlış

áspero / liso
pürüzlü / düz

triste / alegre
üzgün / mutlu

breve / extenso
kısa / uzun

lento / veloz
yavaş / hızlı

mojado / seco
ıslak / kuru

caliente / frío
sıcak / serin

guerra / paz
savaş / barış

0

cero

sıfır

1

uno

bir

2

dos

iki

3

tres

üç

4

cuatro

dört

5

cinco

beş

6

seis

altı

7

siete

yedi

8

ocho

sekiz

9

nueve

dokuz

10

diez

on

11

once

on bir

12

doce

on iki

13

trece

on üç

14

catorce

on dört

15

quince

on beş

16

dieciséis

on altı

17

diecisiete

on yedi

18

dieciocho

on sekiz

19

diecinueve

on dokuz

20

veinte

yirmi

100

cien

yüz

1.000

mil

bin

1.000.000

millón

milyon

inglés
İngilizce

inglés estadounidense
Amerikan İngilizcesi

chino mandarín
Çince (Mandarin)

hindi
Hintçe

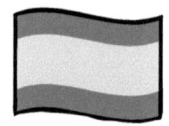

español
İspanyolca

francés
Fransızca

árabe
Arapça

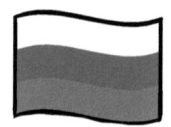

ruso
Rusça

portugués
Portekizce

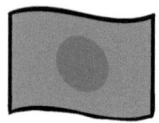

bengalí
Bengalce

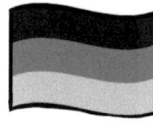

alemán
Almanca

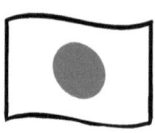

japonés
Japonca

yo

ben

tú

sen

él / ella

o

nosotros

biz

vosotros

siz

ellos

onlar

¿quién?

kim?

¿qué?

ne?

¿cómo?

nasıl?

¿dónde?

nerede?

¿cuándo?

ne zaman?

nombre

isim

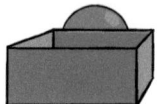

detrás

arkasında

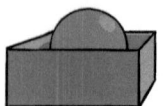

en

içinde

delante de

önünde

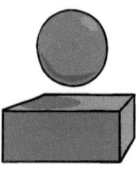

encima de

üzerinde

sobre

üstünde

debajo de

altında

junto a

yanında

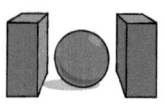

entre

arasında

lugar

yer